AF335854

par Voltaire

18873

ÉLOGE

DE

LOUIS XV,

Prononcé dans une Académie.

Le 22 May 1774.

ÉLOGE

DE

LOUIS XV,

Prononcé dans une Académie.

Le 22 May 1774.

MESSIEURS,

JE ne viens point ici au milieu d'une pompe lugubre & éclatante, mêler la vanité d'un difcours étudié à toutes ces vanités établies pour faire illufion aux vivants, fous le fpécieux prétexte de la gloire des morts.

Nôtre affemblée n'eft point une de ces cérémonies faftueufes inventées pour féduire les yeux & les oreilles. Mon difcours doit être fimple & vrai, comme l'était le Monarque dont nous déplorons la perte.

Quand la grande éloquence commença

& finit dans le siècle de Louis XIV, les o-
raisons funèbres prononcées par les Bossuet
& par les Fléchiers, subjuguaient la France
étonnée. Elles étaient les seuls ornements
qu'on remarquât au milieu de ces superbes
apareils funéraires. On était transporté de
ce nouveau genre; il a diminué de prix dès
qu'il est devenu commun.

Aujourd'hui que la recherche du vrai en
tout genre est devenue la passion dominan-
te des hommes, ce fard des déclamations si
imposant autrefois a perdu son éclat. Nous
sommes heureusement réduits, surtout dans
ces assemblées secretes, à suivre la méthode
inventée par l'ingénieux Fontenelle, & per-
fectionnée par le marquis de Condorcet; méthode qui consiste à faire plutôt le précis de
la vie d'un homme que son éloge; à ne le
louer que par les faits, à raconter sans em-
phase les services qu'il a rendus; à laisser
voir sans malignité les faiblesses insépara-
bles de la nature humaine; à ne chercher
enfin, pour toute éloquence que des vérités utiles. Les hommes ne se dégouteront jamais de ce genre, parce qu'il ressemble à
celui de l'histoire.

C'était l'usage de ces anciens peuples si renommés, qui jugeaient les rois après leur mort, & qui par là enseignèrent la justice à la terre. De tels discours funèbres peuvent avoir sur l'histoire même un grand avantage, celui de ne recueillir aucune de ces fables secretes que la méchanceté ou la seule envie de parler débite sur un prince de son vivant, que l'erreur populaire acrédite, & qu'au bout de quelques années les historiens adoptent en se trompant eux-mêmes & en trompant la postérité.

Si on osait être sage, des discours de ce genre seraient d'une utilité bien plus grande encore. Car également éloignés de la flaterie & de la satire, ils seraient la leçon de ceux dont un jour on doit faire l'oraison funèbre. Ce qu'un homme éclairé & juste prononcerait sur un Roi, devant son successeur & devant la nation, ferait une impression cent fois plus forte & plus durable que tous ces discours d'ostentation, qui ne sont plus regardés que comme une partie des cérémonies qui passent en un jour.

Nous n'avons rien à dire du premier âge

de Louis XV, presque toutes les enfances comme toutes les décrépitudes se ressemblent; les premières donnent toujours quelque espérance que les secondes ôtent entiérement. Son caractère était doux & facile, & l'on a remarqué que dans toute sa vie il ne montra aucun emportement. Ce qu'il apris le mieux dans sa première jeunesse fut la géografie; science la plus utile à un roi, soit en guerre soit en paix. Il fit même imprimer au Louvre un petit livre *de la géografie par le cours des fleuves*, qu'il composa en partie sur les leçons de Mr. de Lisle, & dont on tira cinquante exemplaires. C'est cette étude qui le détermina depuis à faire lever des cartes topografiques de toute la France, ouvrage immense où l'on n'a trouvé presque rien d'omis, ni d'inéxact.

Ce goût pour la géografie le conduisit naturellement à quelques connaissances de l'astronomie, & à un peu d'histoire naturelle.

Son jugement en toutes choses était juste; mais cette douce facilité de caractère dont nous avons parlé, le porta toujours à préférer l'opinion des autres à la sienne.

C'eſt par cette condeſcendance qu'il ſe ré-ſolut à la guerre de 1741 , malgré le cardinal de Fleuri qui s'y oppoſait. Car des perſonnes qui avaient alors plus de crédit ſur ſon eſ-prit que ſon miniſtre même , l'entraînèrent lui & ce miniſtre dans cette entrepriſe qui fut heureuſe en Flandres & malheureuſe par-tout ailleurs. Ainſi Louis XV fit la guerre ſans être ambitieux , & donna deux batailles ſans être emporté par cette ardeur qui naît de la fougue du tempérament , & que la faibleſſe humaine a nommée héroïque.

Son ame était toujours tranquille. Elle le fut même lorſqu'en 1744 il courut à la tête de ſon armée délivrer l'Alſace inondée d'en-nemis. Ce fut alors qu'étant tombé malade à Metz & prêt de mourir , il reçut de ſes peuples ce ſurnom ſi flatteur de *Bien-aimé*. Il ne lui fut point donné en cérémonie & par des actes authentiques , comme le ſurnom de *Grand* fut décerné à Louis XIV par l'hôtel-de-ville en 1680. L'enthouſiaſme des Pariſiens cher-chait un titre qui exprimât ſa tendreſſe pour ſon Roi. Un homme de la populace cria , *Louis le Bien-Aimé*. Bientôt cinq cent mille voix le répétèrent , tous les calendriers , tous les

papiers publics furent ornés de ce nom. L'a-
mour l'avait donné ; & l'ufage le conferva
dans les temps orageux où ces mêmes Pari-
fiens que l'Europe accufe de légéreté , fem-
blèrent démentir pour quelques jours les
témoignages de leur tendreffe.

Il mérita cet amour fans doute , lorfque
pour tout fruit de fes conquêtes en Flandres ,
il demandait la paix à la vertueufe Marie-Thé-
rèfe. On eut dit qu'il preffentait les obliga-
tions que la France aurait un jour à cette
Souveraine. Il ne pouvait affez acheter le pré-
fent ineftimable qu'elle nous a fait , & dont
nous jouiffons aujourd'hui.

Si même la guerre la plus jufte eft toujours
funefte aux nations , celle qu'on fefait à la lé-
gitime héritiere de tant de Céfars n'en pe-
fait que davantage au cœur de Louis XV.
Il voyait qu'elle n'était pas fondée fur cette
juftice évidente dont il avait les principes dans
le fond de fon ame. C'eft cette juftice fi rare
qui peut feule juftifier la guerre aux yeux
des fages.

Sa déférence pour les fentimens d'autrui
lui fit encor entreprendre la guerre de 1756 ,
qui fut bien plus malheureufe que la pre-

mière. La France y perdit beaucoup de fang, encor plus de tréfors, tout le Canada, fon commerce de l'Inde, fon crédit dans l'Europe; & il a fallu que la nation toujours induſtrieuſe, toujours agiſſante travaillât douze années entières pour réparer à peine une partie de ces brêches immenſes.

Tant de malheurs n'altérèrent point l'ame du Monarque. Les hommes placés dans un rang éminent veulent tous paraître inébranlables, ils affectent le calme au milieu du trouble; mais Louis XV n'affectait rien; il ne cherchait point la tranquillité, il la trouvait dans ſon caractère. Ce ſerait le plus précieux don de la nature s'il pouvait toujours être joint à l'activité.

Son ame ne ſe démentit pas même dans cette horrible & incroyable avanture d'un fanatique de la lie du peuple, qui oſa porter la main ſur ſa perſonne ſacrée. Et après les premiers moments donnés à l'incertitude des ſuites, il fut auſſi ſerein que s'il n'avait point été bleſſé.

Cette égalité d'ame, cette ſimplicité, il la mettait dans toutes ſes actions, dans le ſervice auprès de sa personne, dans les ordres qu'il donnait pour ces ouvrages publics admirables, dont tout autre aurait voulu tirer quelque gloire avec justice. En cela son caractère était l'opposé de celui de Louis XIV son prédécesseur.

C'est sur quoi l'on a demandé souvent, s'il est à désirer qu'un roi recherche la gloire, ou qu'il soit indifférent pour elle. Peut-être cette indifférence si louable ôte quelquefois à l'ame un peu d'énergie. Peut-être empêcha-t-elle assez longtems Louis XV de se faire valoir lui-même en fesant à des officiers blessés pour son service, cet accueil prévenant qui console la nature humaine & qui est leur première récompense. Mais ce n'était qu'un défaut d'attention, ce n'était point un vice de son cœur. C'en serait un s'il était l'effet de la dureté.

Cette dureté ne peut lui être imputée, puisque tous ses domestiques avouent qu'on ne vit jamais un maître plus indulgent, & que tous ceux qui ont travaillé sous ses ordres se louent de son affabilité. On ne peut pas être toujours roi, on serait trop à plaindre, il faut être homme, il faut entrer dans tous les devoirs de la vie civile , & Louis XV y entrait , fans que ce fut pour lui une gène & un dehors emprunté.

Il eft vrai que quand un monarque admet fes courtifans dans fa familiarité , il ne faut jamais que le roi fe venge des petits torts qu'on peut avoir avec l'homme. On s'eft plaint que Louis XV a trop fait fentir quelquefois qu'on avait offenfé le trône quand on n'avait bleffé que quelques devoirs établis dans la fociété. Un roi ne doit point punir ce que la loi ne punirait pas. Autrement il faudrait fe dérober à tous les rois comme à des ètres trop élevés au-deffus de l'efpèce humaine , & trop dangereux pour elle ; ils fe verraient condamnés à n'ètre que maîtres , & à ne jouïr jamais des faibles confolations qu'on peut goûter dans cette vie paffagère.

On s'eft étonné que dans fa vie toujours uniforme il ait fi fouvent changé de minif- tres ; on en murmurait , on fentait que les affaires en pouvaient fouffrir , que rarement le miniftre qui fuccède fuit les vues de celui qui eft déplacé ; qu'il eft dangereux de chan- ger de médecins , & qu'il eft trifte de chan- ger d'amis. On ne pouvait concevoir com-

ment une ame toujours feraine pouvait dans
un repos inaltérable confentir à tant de vicif-
fitudes. C'était le dangereux effet du principe
le plus eftimable, de cette défiance de lui-
même, de cettte condefcendance aux volon-
tés des perfonnes qui avaient moins de lu-
mières & d'expérience que lui, enfin de cette
même égalité d'une ame paifible, à laquelle ces
grands bouleverfemens ne coutaient point
d'efforts. Tout tenait à cette première caufe.
Il lui était égal d'ordonner un monument
digne des Auguftes & des Trajans, ou l'a-
partement le plus modefte. Son imagination
ne lui préfentait pas d'abord les grandes cho-
fes, mais fon jugement les faififfait dès qu'on
les lui propofait.

C'eft ainfi qu'il fit ce grand établiffement
de l'école militaire, reffource fi utile de la
nobleffe, inventée par un homme qui n'était
pas noble, & qui fera au-deffus des titres
dans la poftérité. C'eft enfin de ce même
principe que dépendit fa vie publique & fa
vie privée. Sans être tendre & affectueux il
était bon mari, bon père, bon maître, &
même ami autant que peut l'être un roi.

C'eft furtout à cette férénité qu'il faut rendre grace de ce qu'il ne fut point perfécuteur. Il ne fonda point l'opinion des hommes pour les condamner. Il ne rechercha point des fautes obfcures pour les mettre au grand jour, & pour fe faire un cruel mérite de les punir. Longtems fatigué par des querelles fcholatiques qui troublaient avant lui le royaume, & par ces divifions entre la magiftrature & quelques portions du clergé, il voulut toujours donner aux difputants cette même paix qui était dans fon cœur.

Il favait que dans un état où les maximes ont changé, & où les anciens abus font demeurés, il eft néceffaire quelquefois de jetter un voile fur ces abus acrédités par le tems; qu'il eft des maux qu'on ne peut guérir; & qu'alors tout ce que l'art peut procurer de foulagement aux hommes eft de les faire vivre avec leurs infirmités.

Ne fe point émouvoir & favoir attendre, ont dont été les deux pivots de fa conduite. Il a confervé cette imperturbabilité jufques dans l'affreufe maladie qui l'a enlevé à la France, ne marquant ni faibleffe, ni crainte, ni impatience, ni vains regrets, ni défefpoir; rempliffant des devoirs lugubres avec fa

fimplicité ordinaire, & dans les tourments
douloureux qu'il éprouvait: il a fini comme
par un fommeil paifible, fe confolant dans
l'idée qu'il laiffait des enfans dont on efpé-
rait tout.

Comme l'Orateur, bien moins orateur que
citoyen, prononçait ces paroles, arriva la
nouvelle, que Madame Adelaïde & Madame
Sophie étaient attaquées de la petite vérole.
Alors il continua ainfi:

Meffieurs, à nos douloureux regrets fuccè-
dent les plus vives allarmes; nous pleurions
& nous tremblons; la France doit être en lar-
mes & en prières; mais que peuvent les vœux
des faibles mortels! On a invoqué en peu de
temps la patrone de Paris pour les jours du
dernier Dauphin, pour fon époufe, pour fa
mère; enfin pour le feu Roi. Dieu n'a
point changé fes décrets éternels. Puiffe fa
Providence ineffable avoir ordonné que l'art
vienne heureufement combattre les maux
dont la nature accable fans ceffe le genre hu-

main! que l'inoculation nous affure la confervation de nôtre nouveau Roi, de nos princes & de nos princeffes. Que les exemples de tant de Souverains les encouragent à fauver leur vie par une épreuve qui eft immanquable quand elle eft faite fur un corps bien difpofé. Il ne s'agit plus ici d'achever l'éloge du feu Roi, il s'agit que fon fucceffeur vive. L'inoculation nous paraiffait téméraire avant les exemples courageux qu'ont donnés M. le duc d'Orléans, le duc de Parme, les Rois de Suède, de Dannemark, l'Impératrice Reine, l'Impératrice de Ruffie. Maintenant il ferait très-téméraire de ne la pas employer. C'eft nôtre malheur que les vérités & les découvertes en tout genre, feffuient longtems parmi nous des contradictions; mais quand un intérèt fi cher parle, les contradictions doivent fe taire.